Jörg Bernhard

Die Liebe und das lieblose Ende

Vom Beginn zum Ende einer Beziehung
Ratgeber zur Trennungsbewältigung

Du merkst, dass deine Beziehung bzw. deine Ehe zu scheitern beginnt?
Die Trennung kommt, oder es ist schon so weit?
Wie geht es jetzt für dich weiter?

Du musst die Gründe verstehen, die zur Trennung führten. Dann kannst du wieder zielorientiert deinen Alltag bewältigen, ohne in die Krise zu stürzen.

Widmung

Meiner Mama Anni Breitwieser

Friedrich Schneider
Barbara Pyl

Für die mentale und tatkräftige Unterstützung während der Zeit
meiner Trennung.

Jörg Bernhard

Die Liebe und das lieblose Ende

Vom Beginn zum Ende einer Beziehung
Ratgeber zur Trennungsbewältigung

Heute beginnt der erste Tag

für den Rest

deines Lebens

(Nicolas Cage)

Mein Name ist Jörg Bernhard, ich wurde im November 1976 in Forchheim (Oberfranken) geboren.

Nach meiner Ausbildung zum Mechaniker studierte ich Technische Betriebswirtschaftslehre sowie Persönlichkeits- und Betriebspsychologie.

Ich war viele erfahrungsvolle Jahre in den o. g. Bereichen tätig, hauptsächlich als psychologischer Berater und Coach. Seit drei Jahren schreibe ich Ratgeber zu verschiedenen Lebensbereichen.

Vorwort

Im Laufe des Lebens lernt man unzählige Menschen kennen.

Das Leben ist wie eine Busfahrt mit vielen Stationen. Zahlreiche Menschen steigen ein, einige bleiben sitzen. Andere haben schon zuvor im Bus gesessen – und irgendwann ist ihr Platz leer.
Neue Menschen steigen ein, und bei einem hat man plötzlich das Gefühl, dass man zusammengehört.

Man sitzt nebeneinander, fährt viele Stationen im Leben gemeinsam und ist glücklich. An der einen Station heiratet man, an der anderen kauft man sich zusammen dies und das, zieht in eine gemeinsame Wohnung usw.

Der Bus fährt weiter und weiter, es wird Tag und Nacht, die Jahre vergehen. Irgendwann kommt die Haltestelle, an der der Sitznachbar denkt, aussteigen zu müssen.
Sein Platz ist plötzlich leer, was nun?

Wer steigt als Nächster ein?

Ist Glücklichsein noch mal möglich?
Das ist die Frage des Lebens.

Der Anfang

Das Kennenlernen

Beginnen wir mit dem Kennenlernen, um zunächst diese Phase besser zu verstehen.

Den Anfang einer Beziehung können wir in der Kurzfassung beschreiben. Ausführlicher wird es später, wenn es darum geht, was während des Trennungsvorganges geschieht und wie man damit umgehen kann.

Wie lernen wir einen anderen Menschen kennen und lieben?
Die Möglichkeiten sind vielfältig. Man geht zum Beispiel einen Kaffee oder ein Bierchen trinken, shoppen, was auch immer, und dann trifft man den Menschen, mit dem man sich gut unterhält und sich sofort wohlfühlt.

Die Gefühle werden enger und man verabredet sich wieder und wieder. Es entsteht, wenn man sich mit jemandem mehrmals trifft, gegenseitiges Vertrauen.

Ist das aber nicht bei unseren Arbeitskollegen und Freunden das Gleiche?
Denk mal genau darüber nach. Anfangs verläuft das Kennenlernen mit Kollegen und Freunden sicher

ähnlich. Auch das gegenseitige Vertrauen baut sich auf diese Weise erst allmählich auf.

Man trifft sich öfters, der Bund wird enger, der Zusammenhalt wächst, es ist nicht mehr alles so oberflächlich, die Gespräche werden tiefgründiger.

In diesem Zeitraum entstehen auch die sexuellen Interessen an dem neuen Partner. Schließlich passiert es – und schon ist man so richtig verliebt.

Die gemeinsamen Stunden vergehen wie im Flug, du bist im Bann der geliebten Person. Dauernd denkst du an die gemeinsamen schönen Stunden, die Gedanken reißen nicht ab.

Ist das Verliebtsein nicht wunderschön?

All das möchte man in seinem zukünftigen Leben nicht mehr missen: umsorgt werden, geliebt werden, akzeptiert werden, die schönen intimen Stunden usw.

Tut man nicht alles, damit das Zusammenleben reibungslos verläuft?

Ja, genau, das tut man! Du versuchst, perfekt zu sein. Das Gleiche erwartest du von deinem Partner auch, und bei ihm ist es genauso.

So entsteht das Wunder der Liebe.

Endlich zusammen

Das Kennenlernen und die ersten gemeinsamen Unternehmungen verliefen harmonisch, ihr fühlt euch gemeinsam wohl.

Jetzt kannst du auch deinen Freunden und der Familie mitteilen, dass ihr ein Paar seid. Ihr habt euch gefunden, ihr liebt euch.

Ihr denkt, dass ihr für ewig gebunden bleibt. Jeder wünscht sich das.
Doch leider gibt es heutzutage nicht mehr so viele Paare, die ein Leben lang zusammenbleiben. Die Ansichten, Einstellungen, Werte und die Moral haben sich diesbezüglich verändert.
Auch Menschen verändern sich im Laufe ihres Lebens, und manchmal entwickelt man sich auseinander und in verschiedene Richtungen.

Du bist in der Anfangsphase des Verliebtseins trotzdem davon überzeugt, dass eure Liebe ewig halten wird. Du siehst in diesem Zustand möglicherweise vieles durch eine rosarote Brille.

Ihr vertieft eure Beziehung und denkt irgendwann über ein gemeinsames Zuhause nach.

Das gemeinsame Zuhause

So, nun ist es so weit, ihr habt erfolgreich ein gemeinsames Zuhause gefunden. Der Mietvertrag oder Kaufvertrag ist bereits abgeschlossen.
Es ist auch möglich, dass einer von euch beim Partner einzieht. Hauptsache, es passt.

Ihr zieht also zusammen.

Die gemeinsame Wohnung wird schön eingerichtet, jedoch gibt es bereits dabei ein paar Reibungspunkte. Du musst, genauso wie dein Partner, erste Kompromisse eingehen.

Trotzdem ist noch alles super, denn ihr habt euer neues Zuhause und Liebesnest bezogen.

Die Planungen gehen weiter, denn hier und da fehlen noch Dinge wie Mobiliar, Geschirr etc.
Da jeder seinen eigenen Geschmack und individuelle Ansichten hat, kommt es schon zu kleinen Auseinandersetzungen, welche aber in Anbetracht der großen Liebe unscheinbar gering in die Waage fallen und deshalb einfach akzeptiert werden.

Gemeinsame Anschaffungen

Wenn ihr es euch in eurem gemeinsamen Zuhause eingerichtet habt, wohnt und lebt ihr zusammen.

Ihr seid zusammen glücklich und alles funktioniert. Deshalb spricht auch nichts dagegen, ein paar größere und „teure" Anschaffungen gemeinsam zu tätigen. Die finanzielle Situation lässt dies zu, und schließlich wird für die Zukunft gekauft.

Sei es eine neue Küche oder ein neues Bad, ein Schlafzimmer, vielleicht sogar der benötigte Zweitwagen – alles kein Thema, man will sich wohlfühlen und glücklich sein.

An dieser Stelle ein kleiner Tipp von mir: Es ist von Vorteil, bei gemeinsamen Anschaffungen die Rechnungen sorgfältig aufzubewahren. In dieser Phase denkt man natürlich noch nicht an eine mögliche Trennung, denn man baut sich ja gerade erst eine gemeinsame Zukunft auf. Aber es kann immer mal passieren, dass Geräte oder sonstige Einrichtungsgegenstände defekt sind und der Garantieanspruch noch greift.

Alles ist super

Schön, alles ist endlich eingerichtet! Du fühlst dich wohl, dein Partner auch. Eure Wohnung wird immer gemütlicher. Alles, was ihr braucht, ist vorhanden, oder wird noch nach und nach gekauft.

Viele gemeinsame Tage verbringt ihr vereint, ihr kocht zusammen, fahrt miteinander in den Urlaub, unternehmt vieles.

Beide seid ihr in den Familienkreis aufgenommen und gehört dazu.

Der Gedanke der Ehe naht. Vielleicht habt ihr auch einen Kinderwunsch? Es ist alles soweit total perfekt.

Der Sex ist gut und oft, man küsst sich, man streichelt sich, geht zusammen in die Badewanne oder Dusche.

Du kostest so richtig dein Leben aus. Wirklich ein wahrer Traum, den du gerade lebst.

Ach, wie ist alles wunderbar! Hand in Hand geht ihr durch die Tage, was kann da noch passieren?

Da wir gerade den Kinderwunsch angesprochen haben: Eine Trennung mit Kindern ist natürlich weitaus aufreibender und anstrengender. Gerade aufgrund der vielen Fragen, die sich dann zusätzlich stellen: Bei wem wohnen die Kinder? Wie läuft die Erziehung ab? Und vieles mehr.

Dies ist ein sehr kritisches und heikles Thema, deshalb beschreibe ich in diesem Ratgeber lediglich den Trennungsprozess an sich. Diesbezüglich bitte ich um Verständnis.

Die Gewohnheit kommt

Alles nur Gewohnheit?

Die Tage vergehen wie im Flug, wieder ist ein Jahr vorbei. Jeder geht seiner Arbeit nach. Wenn man nach Hause kommt, freut man sich auf den Partner, um den Rest des Tages zusammen zu verbringen. Sei es beim gemeinsamen Kochen, beim Radfahren oder wenn man sich zu zweit mit demselben Hobby beschäftigt.

Aber ist es nicht irgendwie ungewöhnlich, wie schnell man sich, ohne es bewusst zu spüren, verändert hat?
Bist du noch derselbe Mensch, der du vor deiner Beziehung warst?
Nein, das bist du sicher nicht mehr.
Du hast, wie dein Partner auch, eigene Interessen abgelegt und ihr habt euch gemeinsam neue Interessen aufgebaut.

Tagtäglich läuft das Leben in derselben Struktur gleichmäßig ab. Die Wochenenden werden schon im Voraus geplant oder es wird gemeinsam spontan entschieden.

Die Verbundenheit wird stärker, aber ist das jetzt nicht alles nur Gewohnheit, die gleichmäßig zirkulierende Zeit an einem Tag, in einer Woche, einem Monat, einem Jahr?

Allmählich rücken die eigenen Belange wieder in den Vordergrund, Differenzen mit dem Partner sind zu erwarten.

Aus kleinen Meinungsverschiedenheiten werden nicht selten größere. Spannung entsteht und es gibt Streit. Jetzt bemerkt man schlagartig, dass man unleugbar nur aus Liebe und Rücksicht auf den Partner verzichtet hat.

Die eigenen Vorlieben drängen sich schnell wieder in den Vordergrund, gemeinsame Unternehmungen nehmen stetig ab. Jeder geht seinen eigenen Weg.

Die Liebe lässt nach

Gefangen in der alltäglichen Gewohnheit verstreicht nun Tag für Tag. Das Intimleben wird zur Pflicht, wenn es überhaupt noch stattfindet.

Ihr kommt nach Hause, begrüßt euch kurz, strukturiert grob die Planung des Abends.
Ihr seid zwar zusammen, aber du bemerkst, dass irgendwas fehlt, irgendwas, was mal da war. Der Hauch von Romantik, Zärtlichkeit; war das die Liebe?

Wo führt euch diese Situation jetzt hin? Jeder von euch wird nun allmählich für sich in Gedanken fassen, woran es liegen könnte.

Warum ist das so?

Ganz einfach erklärt: Ihr kennt euch schon zu gut. Alles, was ihr wolltet, habt ihr im Express gemacht, um nichts zu verpassen. Jetzt wird es langweilig.

Die Ideen, das Zusammenleben abwechslungsreich zu gestalten, werden weniger und bleiben irgendwann ganz aus.

Ist es nicht schon fast wie in einer Wohngemeinschaft, die aus Menschen mit verschiedenen Ansichten besteht?

Wo ist das Prickeln, die Vertrautheit hin?

Die innere Entscheidung

Im Kopf fängt nun alles an. Du bist dir nicht sicher, ob du damals die richtige Entscheidung getroffen hast?
Ja, doch, das hast du. Aber wo ist der Partner aus der Vergangenheit? Kann man sich so verändern?

Hast du dich ebenfalls verändert, einige Ansichten und Werte deines Partners übernommen?
Also ich denke, das hast du sicher zu einem großen Teil, dein Partner übrigens auch.
Ganz unbewusst habt ihr eure Rollen fast getauscht, und doch scheint ihr keinen gemeinsamen Nenner mehr zu finden.

Viele Fragen gehen dir durch den Kopf, Tag und Nacht:
-   Habe ich alles richtig gemacht?
-   Mag mein Partner mich noch?
-   Warum leben wir fast wie getrennt?
-   Hat der Partner eine/n Neue/n?
-   Was ist hier überhaupt los?

Auch schaust du dich draußen unbewusst nach neuen Möglichkeiten um, hältst Ausschau. Es kommt dir so vor, als bräuchtest du etwas Neues, neue Erfahrungen, neuen Austausch.

Du lässt dir deine Beziehung immer und immer wieder durch den Kopf gehen und bist der Meinung, dass es so nicht weitergehen kann.

Nach und nach triffst du deinen Entschluss.

Der Chaos-Tag

Der Tag

Du hast alles immer und immer wieder geprüft, noch mal und nochmals darüber nachgedacht.

Dein Entschluss zur Trennung ist innerlich gefallen.

Alles ist durchdacht. Möglicherweise hast du schon nach einer neuen Wohnung geschaut und überlegt, was du mitnimmst, was du teilst, was du lässt.

Wie teilst du das jetzt deinem Partner mit? Vielleicht denkt dieser genauso oder hat auch schon eine innere Entscheidung getroffen, nur wagt es keiner, dies zur Aussprache zu bringen?

Du nimmst allen Mut zusammen, setzt dich mit deinem Partner an den Tisch oder auf das Sofa.

Es wird gleich ausgesprochen werden, wie wird dein Partner reagieren?

Endlich sagst du, was Sache ist.

Der Augenblick der Wahrheit, des Entschlusses liegt klar und deutlich im Raum.

Kurzer Schock

Nicht nur dein Partner, sondern auch du erleidest gerade in diesem Moment einen kurzen Schock. Es ist der Moment, in dem die ganze Liebe, die Zärtlichkeit, das gemeinsame Glück, einfach alles zerstört wird.

Jeder von euch beiden fällt innerlich zusammen, auch wenn du dein Vorhaben schon länger im Kopf hattest.

Ruhe für Minuten, Tränen, Wutausbrüche, alles ist möglich.

Zeit der Ruhe.

Suche nach dem Gespräch

Nachdem der erste Schock von beiden Seiten ein wenig verarbeitet wurde, kommen Fragen über Fragen auf.

Warum? Weshalb? Wieso?

Dein Partner möchte mit dir sprechen und auch du wirst das Gespräch suchen. Für denjenigen, der sich trennen möchte, ist schon alles verinnerlicht und im Geist geklärt.
Dennoch hat dein Partner Fragen über Fragen, wie du wahrscheinlich auch.

Bleib ruhig und locker. Solltest du die Trennung wollen, erkläre die Gründe für deinen Entschluss. Sei offen, direkt, aber nicht verletzend.
Wenn dein Partner die Trennung möchte, dann höre dir an, was er dir mitzuteilen hat.

Ihr wollt ja schließlich beide das Beste für euch, auch wenn es keine Beziehung mehr geben wird.

Im Gespräch wird dir wahrscheinlich unbewusst der Spiegel vorgehalten. Dabei erkennst du plötzlich, was du in der ganzen Zeit verkehrt gemacht hast oder was für den Partner störend war. Nimm das einfach so mit, denk darüber nach und versuche, den oder die Fehler, Macken etc. abzulegen, und arbeite daran.

Deinem Partner wird es in diesem Gespräch ähnlich ergehen, auch er wird möglicherweise mit seinen Macken oder Fehlern konfrontiert.

Das heißt aber nicht, dass eure Beziehung nun wieder funktionieren könnte, nachdem ihr euch ausgesprochen habt. Denn der Entschluss zur Trennung steht für dich (oder für deinen Partner) fest.

Auch wenn es nicht immer einfach ist, auf die eigenen Fehler hingewiesen zu werden und dann auch zu verstehen, warum sie den Partner gestört haben, nimm es erst mal so hin. Du kannst später an deinen Makeln arbeiten.

Wenn du willst, kannst du auch Freunde oder Bekannte fragen, ob ihnen eventuell diese eine oder andere Macke aufgefallen ist und wie sie das sehen.

Wenn euer Gespräch gut verläuft, alles erst mal soweit erläutert wurde, dann werdet ihr das kommende Trennungs- und Teilungschaos ruhig angehen können.

In diesem Gespräch werden wahrscheinlich auch die ersten Fragen bezüglich des weiteren Vorgehens, was die gemeinsame Wohnung oder den Hausrat betrifft, zur Sprache kommen. Aber versuche, dies auf später zu vertagen. Für die Besprechung dieser Angelegenheiten kannst du gleich einen neuen Termin mit dem Partner festlegen.

Was nun?

Wohnungssuche

Grundsätzliche Gespräche wurden geführt, eventuell habt ihr schon über die Haushaltsteilung, Finanzteilung und mehrere andere Anliegen gesprochen.

Nun musst entweder du eine neue Bleibe suchen oder dein Partner zieht aus. Möglicherweise trifft es auch euch beide, wenn keiner in der alten Wohnung bleibt.

Auf dem Wohnungsmarkt sieht es momentan nicht so toll aus und es ist schwierig, etwas Passendes zu finden.

Es kommt jetzt auf deine finanzielle Situation an. Überlege dir, wie viel du für eine Wohnung bezahlen kannst. Vergiss aber bitte die Nebenkosten und die noch hinzukommenden Kosten für Strom, Telefon etc. nicht. Wenn du eine Summe festgelegt hast, die du für die Miete ausgeben willst, kannst du gezielt auf die Suche gehen.
Überlege außerdem, ob du eine U-Bahn-, S-Bahn- oder Bus-Anbindung in deiner unmittelbaren Nähe benötigst.

Du kannst dich beispielsweise bei der örtlichen Wohnungsbau-Gesellschaft oder Genossenschaft erkundigen. Meist sind dort günstige und frisch renovierte Wohnungen zu einem akzeptablen Preis im Angebot.

Letztendlich kannst du dich auch bei Immobilienmaklern, in der Tageszeitung oder im Internet (z. B. bei Immobilienscout.de, Immonet.de) und weiteren Anbietern erkundigen.

Immobilienmakler sind auch geeignete Ansprechpartner, wenn es um den Umzug geht. Diese haben Kontakte zu seriösen Firmen, welche deinen Umzug durchführen können.

Denke aber immer daran: Der Umzug kostet Geld, und nicht alles wirst du mitnehmen können, da ihr euren Hausrat und die Wohnungseinrichtung höchstwahrscheinlich geteilt habt.

Anschaffungen müssen geleistet werden, der Umzug, die Miete und die Kaution für die neue Wohnung, Mietanteil für die alte Wohnung, ferner Nachzahlungen oder Vorschüsse an die Stadtwerke und vieles mehr.

Ist deine finanzielle Situation gesichert, bekommst du bestimmt einen Kredit von der Hausbank.

Bist du finanziell in der Zwickmühle, gibt es verschiedene Anlaufstellen, welche dich finanziell unterstützen können. Diese wären z. B. das Sozial- oder Wohnungsamt, Kirchen oder Stiftungen.

Hausratsteilung

M it das Wichtigste bei einer Trennung ist die gerechte Aufteilung des Haushaltes. Hierbei wird festgelegt, wer was bekommt, und nicht selten stellt sich auch die Frage: Passen die Einrichtungsgegenstände überhaupt in die neue Wohnung?

Hierbei wäre es ratsam, den Wert des Inventares anhand der damaligen Anschaffungskosten zu bestimmen und dann im gleichen Verhältnis zu teilen.

Wenn ihr verheiratet seid und die Scheidung einreichen wollt, solltet ihr euch im Vorfeld einigen, wie ihr eure Einrichtungs- und Wertgegenstände, (ggf. Autos, Mobiliar etc.) untereinander aufteilt. Denn jeder Streitpunkt kostet vor Gericht Geld und zieht die Scheidungsdauer natürlich hinaus.

Versucht, eure gemeinsame Habe so untereinander aufzuteilen, dass jeder zufrieden ist und keinerlei Ansprüche mehr bestehen.

Es ist normal, dass du etwas einpackst und mit in dein neues Zuhause nimmst, was dir nicht gehört oder was dein Ex-Partner mitgebracht hat. Ebenso normal ist es, wenn du etwas nicht mehr findest, was dir gehört, weil es dein Ex-Partner aus Versehen mitgenommen hat.

Ihr habt euch sauber und friedlich getrennt. Unter solchen Voraussetzungen kannst du kurz bei deinem Ex-Partner anrufen und deine Habe zurückverlangen, was im Normalfall kein Problem darstellt.

Es kann auch vorkommen, dass beispielsweise ein Möbelstück weder in deine neue Wohnung noch in die des Ex-Partners passt. In diesem Fall könnt ihr es verkaufen. Sollte sich kein Käufer finden, könntet ihr die Nachmieter fragen, ob sie es übernehmen würden. Ihr könnt es auch gemeinnützig verschenken. Wenn gar keine Aussicht mehr besteht, es sinnvoll zu veräußern, muss es leider auf den Sperrmüll.

Habt ihr es verkaufen können, teilt euch das Geld.

Die Hausratsteilung ist nie einfach. Die Erlebnisse in der Beziehung, die Zeit der Liebe, die gemeinsamen Stunden, alles kommt gedanklich zurück und trifft wie ein Schlag mit dem Hammer.

Da musst du leider durch. Es wird teilweise für dich psychisch schwer werden, damit umzugehen, aber halte dir jetzt vor Augen:

- Ein neuer Lebensabschnitt beginnt! -

Finanzenteilung

Der heikelste Punkt bei einer Trennung sind die Finanzen, ein leidiges und streitbereites Thema.

Innerhalb einer Beziehung kann die Finanzfrage unterschiedlich gelöst sein:
- Es gibt ein gemeinsames Konto, über das alle Abbuchungen und Gutschriften erfolgen.
- Jeder hat sein eigenes Konto, die Kosten werden geteilt.
- Jeder hat sein eigenes Konto, einer zahlt.

Darüber hinaus sind noch viele andere Möglichkeiten denkbar.

Je nachdem, wie eure Finanzfrage während eures Zusammenlebens gelöst war, müsst ihr nun unter euch klären, wie ihr die Finanzen nach der Trennung aufteilt. Es sollte im besten Fall gerecht gesplittet werden, damit es im Nachhinein keine Streitpunkte gibt.

Finanzen sind ein sehr heikles Thema. Geht bedacht und vorsichtig damit um.

Wenn du ein neues Konto eröffnest, vergiss nicht, die Einzugsermächtigungen etc. zu ändern, und gib deine neue Kontonummer auch an den Arbeitgeber weiter.

Ändere auch deine Versicherung, falls dein Ex-Partner eingetragen ist.

Umzug

Umzugskartons stehen in der gemeinsamen Wohnung, Möbel sind teils schon demontiert.

Wenn ihr umzieht, dann bereitet alles so vor, dass jeder Karton sauber beschriftet ist, vor allem sollten deine Dinge von denen deines Partners sauber getrennt liegen. Falls ein Umzugsunternehmen kommt, achtet darauf, dass auch das Richtige eingepackt wird.

Plant euren Umzug gemeinsam, denn meist kommt es billiger, wenn man gleich zusammen umzieht. Dann könnt ihr eine Firma beauftragen, die alles einlädt und dann eben zwei Adressen anfährt.

Helft euch dabei gegenseitig, so wie ihr eingezogen seid. Das scheint vielleicht nicht ganz einfach, aber es festigt das, was ihr noch zusammen habt. Ihr braucht den freundschaftlichen Umgang miteinander, um die Trennung besser bewältigen zu können. Ihr werdet noch des Öfteren in Kontakt treten müssen, sei es persönlich oder am Telefon.

Nutzt eure gemeinsamen Freundschaften, die euch beim Umzug und Einzug helfen. Auch diese

Kontaktpersonen werden euch dabei unterstützen, die Trennung leichter zu meistern.

Wie gehe ich damit um?

Allein in der neuen Wohnung

Ja, so schnell ging es auf einmal! Jetzt bist du in deiner neuen Wohnung, allerdings alleine.

Es ist noch nicht alles super eingerichtet, weil hier und da natürlich einiges fehlt, letztendlich hast du ja deinen Hausrat aufgeteilt.

In finanzieller Hinsicht wird es gerade auch nicht so rosig aussehen, da der Umzug, die Mietkaution, Restmietzahlungen der alten Wohnung, Ummeldungen etc. einiges gekostet haben.

Auch wenn du in der alten Wohnung geblieben bist und dein Partner ausgezogen ist, fehlt dir dennoch einiges. Du musst damit rechnen, dass du jetzt für die „große" Wohnung (oder vielleicht sogar ein Haus) finanziell alleine aufkommen musst.

Um auf den Problempunkt zurückzukommen: Du bist jetzt erst mal auf dich alleine gestellt.

Aber sei zuversichtlich: Das schaffst du schon!

Trennungsbewältigung

Nach der Ansicht von Sigmund Freud (1856–1939) ist die Verarbeitung der Trennung ein eigenständiger Prozess, der erst dann beendet ist, wenn das Band, welches mit dem Partner verbunden hat, sich zu lösen beginnt.

Wir reagieren auf den Verlust eines geliebten Menschen zunächst mit heftigem Widerstand. Wir wehren uns gegen die notwendige, aber schmerzhafte Einsicht, dass wir loslassen müssen.

Gerade jetzt, wo du alleine bist, merkst du, dass dir etwas fehlt. Der normale Alltag verändert sich, denn du bist es gewohnt, dass jemand da ist oder beispielsweise spätestens um 17 Uhr nach Hause kommt.

Unter der Arbeitswoche wirst du es leichter verarbeiten können, da du abgelenkt bist.
Schwer werden für dich die Wochenenden, Feiertage und vor allem der Urlaub.

Vor deiner Beziehung gab es auch solche Tage. Denk zurück: Was hast du damals gemacht? Ergreife vielleicht wieder dein altes Hobby, welches du während deiner Beziehung auf Eis gelegt hast.

Den Verlust wahrnehmen

Eine frische Trennung zu verarbeiten ist nicht einfach. Man versucht verzweifelt, dem Schmerz des Verlustes zu entkommen.

Man flüchtet vielleicht in Alkohol, in Arbeit, in Aktivitäten wie Reisen und andere Freizeitunternehmungen.

Dieses Flüchten stellt aber keine geeignete Bewältigungsstrategie zur Verarbeitung eines Verlustes dar.

Meistens handelt man sich dabei noch zusätzliche psychische Probleme ein, nämlich dann, wenn das Fluchtverhalten den Charakter einer Sucht annimmt. Beispiele hierfür wären die Alkoholsucht, die Arbeitssucht, Spielsucht etc.

Solltest du merken, dass du in diese Schemata verfallen bist, dann bitte: Suche dir Hilfe.

Loslassen

Nach dem unvermeidlichen Auf und Ab der Gefühle, dem immerwährenden Zurückziehen aus dem Alltag, steht das Loslassen an. Nur dadurch wird die Veränderung und das Teilnehmen am Leben wieder möglich.
In allen Lebenskrisen ist dies unumgänglich.

Man versucht, mit Hilfe von Phantasien an der Vorstellung festzuhalten, dass die Trennung nicht gewesen sei, doch durch die immer wiederkehrende Konfrontation mit der Realität verschwindet dieser innere psychische Abwehrmechanismus allmählich.

Umso bedeutender und inniger die Beziehung war, umso mehr Zeit und Energie kostet dieser Verarbeitungsprozess.

Klar wirst du im zukünftigen Leben immer wieder mit der Situation konfrontiert werden, dass du den Ex-Partner wiedersiehst oder in der Familie über ihn gesprochen wird usw. Doch dies ist nicht vermeidbar. Du wirst merken, dass es mit der Zeit viel leichter wird, über die ehemalige Beziehung zu reden.

Chaos der Gefühle

Eine buddhistische Lehrerin, die Jahre in einem Kloster zubrachte, wurde durch den Verlust eines ihrer Kinder in tiefe Trauer versetzt.

Sie beschreibt diesen Zustand folgendermaßen:

„Der Schmerz überwältigte mich. Ich weinte tagelang ohne Ende, wusste nicht mehr, wie es weitergehen sollte. Es half kein Meditieren, kein noch so langes Bemühen um Stille. Ich musste den Härten des Lebens und meiner eigenen Bedrängnis ins Auge schauen. In jenen Jahren begriff ich die Notwendigkeit des Loslassens, dass man sich der ganzen Wahrheit stellen muss und von den Tatsachen nicht davonlaufen darf."

(Aus J. Kornfield: Das Tor des Erwachens, Heyne 2003.)

Es sind die unterschiedlichsten Gefühle, die auf einen Menschen einstürmen, der einen Verlust erlebt hat, und dies in einer ungewohnten Intensität.

Verzweiflung

In den ersten Stunden, Tagen, ja manchmal Wochen nach der Trennung herrscht ein Gefühl der totalen Verzweiflung.

Im ersten Moment ist man wie betäubt, nicht fähig, die Trennung wahrzunehmen. Es gibt Momente, in denen man sich einfach weigert, die Wahrheit zu akzeptieren, man will es einfach nicht glauben, dass der Partner gegangen ist.
Man möchte einfach die Zeit zurückdrehen und es ungeschehen machen.

Man handelt wie in einem Trancezustand, der Alltag wird wie im Schlaf und völlig automatisch verrichtet.

Irgendwann aber wird man von der Realität eingeholt und durch das klare Bewusstsein für den endgültigen Entschluss der Trennung aus der Betäubung gerissen. Diese plötzliche Erkenntnis ist meist mit heftigen inneren Auseinandersetzungen verbunden. Die grausame Realität kann nun nicht mehr verdrängt werden, was zur Folge hat, dass man sein Leben ordnen muss, um neu zu beginnen, um wieder am Alltag teilzuhaben.

Schuldgefühle

In der Phase nach der Trennung treten natürlich auch Schuldgefühle auf.

Sich von einer Beziehung zu lösen ist, wie schon des Öfteren geschrieben, ein schmerzhafter und sehr schwieriger Prozess, der Zeit benötigt. Häufig hast du daher den Wunsch, weiter mit dem Ex-Partner befreundet zu sein, um die Beziehung nicht komplett aufgeben zu müssen.

Um zu verhindern, dass dein Ex-Partner beginnt, nach der Trennung zu klammern, musst du klare Grenzen aufzeigen.

Erläutere in einem klärenden Gespräch deine Gründe für die Trennung und vermeide dann auch zu häufigen Kontakt.
Gehe im Gespräch mit deinem Ex-Partner nicht zu sehr auf private Themen ein, vermeide häufige Anrufe und lehne gemeinsame Unternehmungen ab.

Sei dir im Klaren darüber, dass du manchmal nicht um eine Verletzung herumkommst, auch wenn dir das schwerfällt.

Wenn du die Trennung fair vollziehst, hast du dir nichts vorzuwerfen und musst keine Schuldgefühle nach der Trennung haben.
Dein Ex-Partner kann die Trennung überwinden, auch wenn es für ihn zunächst fast unmöglich erscheint.

Schließlich gab es Gründe, die die Beziehung zerbrechen ließen. Ein Neuanfang ist häufig der bessere Weg, als in einer unglücklichen Partnerschaft zu verharren.

Wutgefühle

Während des Trennungsprozesses können auch Gefühle der Wut auftreten. Wut auf das Schicksal, auf die „Ungerechtigkeit der Welt" oder auf „Gott", mit anderen Worten: Wut auf diejenige Macht, der man die Verantwortung für die Trennung zuschreibt.

Diese Wut tritt vor allem dann auf, wenn man den Ex-Partner zu sehr geliebt hat und plötzlich die Beziehung endete.

Manchmal richtet sich diese Wut auch gegen die Mitmenschen. Diese sind glücklich in ihrer Beziehung, alles ist bei ihnen (noch) perfekt. „Und warum ist es plötzlich in meinem Leben passiert?", fragst du dich in diesem Zustand vielleicht.

Eines aber solltest du unter Kontrolle halten, nämlich deine Wut, damit es nicht zu ungezügelten Ausbrüchen kommt.

Sehr schnell kann es passieren, dass du deinen besten Freund dadurch irritierst, ja vielleicht sogar Freundschaften damit kaputt machst, weil du in deiner Wut einen Schuldigen suchst und die erfundene Schuld deinen Freunden zuschreibst.

Vorsicht, es passiert schnell, dass du plötzlich komplett alleine dein Leben meistern musst.

Isolation

Du stehst jetzt mittendrin im Verarbeitungsprozess. Möglicherweise hat sich dein Freundeskreis reduziert, eventuell hast auch du dich von einigen zurückgezogen, weil ihr beide gemeinsame Freundschaften hattet.

Unter Umständen leidest du auch unter Angstgefühlen, anderen viel zu lange mit deinem Kummer zur Last zu fallen.

Aus diesem Grund isolierst du dich vielleicht nach einiger Zeit und ziehst dich von der Außenwelt zurück. Dieses Verhalten von dir kann Freunde oder Bekannte verunsichern, welche dir helfen oder dich trösten wollen.

Du hast Angst, mit anderen Personen über deine Gefühle zu sprechen. Aber auch die Personen, welche dich unterstützen wollen, haben Angst, dich im Gespräch zu verletzen.

Du siehst, dass man sehr schnell in eine psychische Sackgasse geraten kann, aus welcher man nicht so schnell ohne die Unterstützung von außen wieder herauskommt.

An sich arbeiten

Der innere Trennungsprozess an sich ist vorübergehend. Die Trauer über den Verlust des Partners tritt gewöhnlich zeitlich begrenzt auf und verläuft in bestimmten Phasen. Möglicherweise kannst du dir während dieses Prozesses oft gar nicht vorstellen, jemals wieder frei von dem Schmerz der Trennung zu sein.

Die Heftigkeit dieses Gefühls nimmt jedoch mit der Zeit ab und verschwindet schließlich ganz.

In diesem Zusammenhang musst du an dir arbeiten. Dies bedeutet, dass du bestimmte Phasen des Prozesses durchleben musst, um den Verlust verarbeiten zu können.

Du musst
- zunächst die Trennung als solche akzeptieren,
- lernen „loszulassen",
- neue Verhaltensmuster finden, in denen deine ehemalige Beziehung keinen Platz mehr einnimmt,
- die emotionale Energie, die auf deinen Ex-Partner gerichtet war, von diesem abziehen und diese Energie in andere Beziehungen investieren.

Depression?

Es wird wohl nur wenige Menschen geben, die immer aufgeweckt und begeistert durch das Leben gehen. Jeder von uns ist unterschiedlichen Stimmungen ausgesetzt. Der eine mehr, der andere weniger.

Es gibt Tage, an denen wir uns nicht unterkriegen lassen, denn wir fühlen uns vital und lebenslustig. An anderen Tagen sind wir reizbar und niedergeschlagen, wir grübeln, fühlen uns antriebslos und brauchen für die täglichen Verrichtungen sehr viel mehr Energie als an anderen Tagen.

Diese Niedergeschlagenheit kann durch die Trennung von deinem Ex-Partner ausgelöst sein, sie schlägt dir aufs Gemüt.

Niedergeschlagenheit ist in dieser Phase normal. Aber wenn diese Stimmungslage eine bestimmte Intensität und Zeitdauer erreicht, sprechen wir schon von einer psychischen Störung.

Wenn diese Verstimmung und Niedergeschlagenheit zwei Wochen oder länger anhält, liegt das womöglich nicht mehr im Bereich des Normalen, sondern kann schon ein Teil des klinischen Krankheitsbildes „Depression" sein.

Neben der anhaltenden negativen Stimmungslage gibt es zahlreiche weitere psychische und körperliche Symptome, die auf eine Depression hindeuten, jedoch von Fall zu Fall in Art und Intensität unterschiedlich ausgeprägt sind.

Bei einer Depression sind die Symptome so gravierend, dass eine normale Lebensführung nicht mehr möglich ist. Eine Depression kann für den Einzelnen sehr qualvoll erlebt werden.

Hast du deine Freude und dein Interesse an einfachen Sachen verloren, wirst von Schuldgefühlen geplagt, leidest an Konzentrationsstörungen, vielleicht sogar Essstörungen oder kannst nicht mehr richtig schlafen, dann können das Anzeichen dafür sein, dass du schon unter einer Depression leidest.

Jetzt solltest du dir wirklich Hilfe holen. Geh zu deinem Hausarzt, erklär im alles, er wird dir helfen. Es gibt auch Telefonseelsorgen oder anerkannte Beratungsstellen, an die du dich wenden kannst.

Die Gefühle

Das Chaos in deinem Gefühlsleben bewirkt, dass dein Verhalten sehr verwirrend für Personen in deinem Bekannten- und Kollegenkreis sein kann.

Das kommt daher, da du dich in deinen Gedanken oft noch in deiner Beziehung befindest, jedoch immer wieder feststellen musst, dass es einfach nicht mehr so ist, wie es mal war.

Einmal akzeptierst du die Trennung, einmal eben nicht, dies spiegelt sich auch in deinem Verhalten wider.

Es kann vorkommen, dass du aggressiv eifersüchtig auf andere wirst, die ein Leben führen, in dem alles noch den perfekten Anschein hat und denen dein Kummer sozusagen egal ist.

Versuche einfach, der Mensch zu sein, der du bist. Du musst es hinnehmen und es wird dir bald besser gehen.

Wie lange darf das alles dauern?

Es wird schon einige Zeit in Anspruch nehmen, wieder ein halbwegs normales Leben zu führen.

Aber du musst dennoch irgendwann darüber hinwegkommen. Was geschehen ist, ist nun mal geschehen.

Der Alltag kehrt wieder in dein Leben zurück. Dein Freundes- und Bekanntenkreis will sich irgendwann nicht mehr länger mit deinem „Ex-Thema" beschäftigen. Sprichst du es immer wieder an und wirst von deinen Freunden darauf hingewiesen, dass es endlich vorbei sein muss, dann fühlst du dich womöglich missverstanden und fehl am Platz.

Dann wirst du dich vielleicht hinter einer Fassade verstecken und wirkst nach außen so, als würde es dir gut gehen, was aber auch einen positiven Effekt für dich hat: Du spielst eine Rolle und kannst somit die Trennung schneller verkraften.

Also, wie lange sollte das Ganze dauern? Maximal ein Dreivierteljahr bis zu einem Jahr. Wenn diese Zeit verstrichen ist und du deine Trennung noch immer nicht überwunden hast, suche dir bitte Hilfe von außen.

Hilfe suchen

Du kommst nicht mehr klar, kannst nicht mehr, verkraftest das alles nicht, es macht dich innerlich kaputt und du bist kurz davor, alles hinzuschmeißen und aufzugeben?

Stopp!

Jetzt solltest du dir Hilfe suchen, denn so geht es nicht mehr weiter.

Empfehlen kann ich dir zum Beispiel karitative Einrichtungen, deren Kontaktadressen und Telefonnummern du in der Tageszeitung ausgeschrieben findest. Auch die kirchliche Seelsorge kann eine Anlaufstelle sein.

Weiterhelfen kann dir in solchen Fällen natürlich auch dein Hausarzt. Er wird dich an den richtigen Ansprechpartner weiterleiten bzw. zu einem Psychologen überweisen.

Auch wenn deine Scham und Moral dagegen sind, nimm die Hilfe an, es wird dir gut tun.

Fast geschafft

Langsam geht es aufwärts

Nun ist deine neue Wohnung fast fertig eingerichtet, du fühlst dich schon wieder wohl und dir geht es besser.

Es geht aufwärts.

Ein paar Kleinigkeiten musst du jetzt noch erledigen, falls du dies noch nicht getan hast:
- deinen Wohnsitz ummelden (beim Einwohnermeldeamt),
- Steuerklasse ändern, eventuell eine neue Steuernummer erteilen lassen,
- dem Arbeitgeber, den Behörden, der Krankenkasse usw. deine neue Anschrift mitteilen, ggf. auch die neue Bankverbindung,
- einen Nachsendeantrag bei der Post stellen.

Richte dein neues Zuhause ein, wie es dir gefällt. Selbstverständlich ist es noch kein Traumzuhause, da alles noch ein wenig zusammengewürfelt in den Räumen steht. Aber nutze das, was du hast, und mach möglichst das Beste daraus.

Der Rest kommt nach und nach. Vielleicht bleibst du ja nicht lange in der neuen Wohnung, wer weiß?

Ein neuer Lebensabschnitt beginnt

Das Schlimmste ist überstanden, du gehst wieder deinem routinierten Alltag nach, kommst nach Hause und fühlst dich wohl. Die Phase der Trauer, der Trennung, des ganzen Trubels ist vorüber.

Mach nun das Vernünftigste daraus: Nimm das, was du hast, und fang neu an. Dein Herz ist frei, du kannst dich auf was Neues konzentrieren.

Jetzt kannst du vielleicht schon anfangen, das zu ändern, was dem Ex-Partner an dir nicht gefallen hat, wenn du dir auch bewusst bist, dass dies ein Fehlverhalten deinerseits war.

Geh ganz normal wieder deinem Alltag nach, Arbeiten, Einkaufen etc. Geh abends mal in die Kneipe gegenüber oder in ein Restaurant, gönn dir einfach mal was!

Mit der Zeit gewöhnst du dich daran, dass alles für dich neu ist, und dein Leben pendelt sich wieder ein.

Noch mal glücklich sein

Vorurteile

Alles läuft seinen gewohnten Gang und plötzlich steht ein geeigneter neuer Partner vor dir.

Vielleicht stellst du dir dann die folgenden Fragen:
- Wie gehe ich damit um?
- Passiert mir das Gleiche wieder?
- Hat sie/er auch solche Macken?
- Kann ich noch mal lieben?
- Habe ich noch Respekt?

All diese Fragen schießen dir urplötzlich durch den Kopf und du bist schon wieder an der Grenze, alles sofort hinzuwerfen. Aber probier's doch aus, du musst ja nicht gleich wieder heiraten oder sofort zusammenziehen.

Denke daran: Wie hast du deinen Ex-Partner kennengelernt? Damals hast du dich doch auch Stück für Stück herangetastet, oder nicht?

Schieb einfach mal die Vorurteile beiseite, konzentriere dich auf deinen vielleicht neuen Lebensmittelpunkt.
Klar wird er Macken und Ecken haben, die hat jeder, aber jeder für sich. Übrigens ist es doch mal schön, mit neuen Herausforderungen umzugehen.

Dem anderen geht es vielleicht genauso wie dir, er steckt womöglich in der gleichen Situation fest, wird vielleicht sogar die gleichen Gedanken und Vorurteile haben wie du.

Zu hohe Ansprüche stellen

Ihr kennt euch bereits ein wenig, kommt des Öfteren zusammen, und einige kleine Makel hast du an der auserwählten Person schon gefunden.

Die meisten machen jetzt den Fehler, dass sie Ansprüche an den anderen stellen, die dieser nicht erfüllen kann oder will.
Damit möchte ich sagen: Alles, was du in einer künftigen Beziehung nicht mehr haben willst, versuchst du nun, beim neuen Partner zu unterdrücken, fast so, also möchtest du ihn noch „erziehen".

Das geht leider nicht mehr, denn auch dein Partner hat seine Wunden und Narben.

Schraube die Ansprüche doch einfach noch mal zurück, mit der Zeit gibt sich das schon und pendelt sich ein. Sollte dir etwas gar nicht passen, dann rede mit deinem neuen Partner. Er wird das verstehen, aber auch er wird seine Belange äußern.

Ihr seid alt genug und schafft das auch.

Nachwort

Sehr geehrter Leser,
sehr geehrte Leserin,

nun bist du am Ende dieses kleinen Ratgebers angelangt. Ich hoffe, dass ich dir etwas Unterstützung geben konnte. Viele Menschen waren in der gleichen Situation gefangen und haben es wieder geschafft, glücklich am Leben teilzuhaben.

Viel Spaß und Glück im neuen Lebensabschnitt!

Jörg Bernhard

Herstellung und Verlag:
BoD - Books on Demand, Norderstedt
ISBN 978-3-7448-7018-4